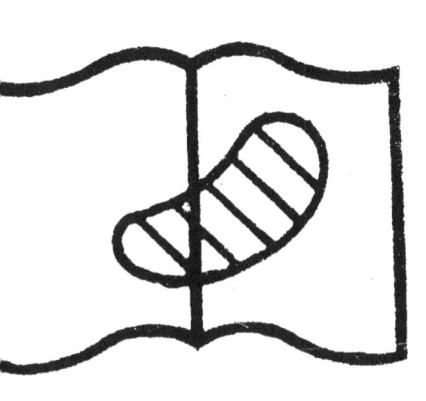

Illisibilité partielle

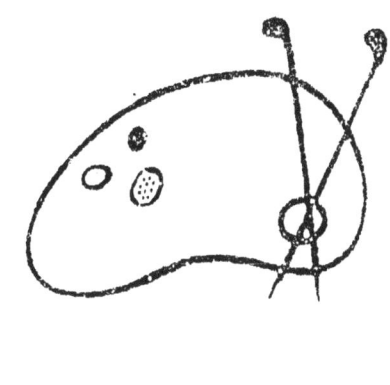

Couvertures supérieure et inférieure en couleur

VALABLE POUR TOUT OU PARTIE DU DOCUMENT REPRODUIT.

MISS SARAH

AUTOUR DU PÉCHÉ

PARIS

LIBRAIRIE DES AUTEURS MODERNES

A LA MÊME LIBRAIRIE

Les Vieilles Actrices. — Le Musée des Antiques, par J. Barbey d'Aurevilly. 1 vol. in-18............ 3 fr. 50

Le Vice suprême, par J. Péladan. 4e édition. 1 vol. in-18 jésus................................ 3 fr. 50

Histoire et Légende de Marion Delorme, par Joséphin Péladan. 1 vol. in-18 sur hollande............. 4 fr.

La Dame à l'Œillet rouge, par Jules Janin. 1 vol. grand in-8°, édition de luxe.................... 3 fr. 50

Le Château enchanté, par Alphonse Esquiros, avec préface de A. Houssaye. 1 vol. in-18............ 3 fr. 50

Aventures amoureuses de Michel Antonius, par Alexandre Berlié. 1 vol. in-18 jésus................ 3 fr. 50

Marguerite, par Alexandre Berlié. 1 vol. in-18 jésus. 3 fr. 50

Laurence ; Histoire d'une Saltimbanque, par A. Berlié. 1 vol. in-18 jésus......................... 3 fr.

Dix Satires, avec prologue et épilogue, par A. de Beauplan. 1 vol. in-18 jésus..................... 3 fr. 50

Les Sept Paroles, par A. de Beauplan. 1 volume in-18 grand jésus................................ 3 fr. 50

A peu près. Essai de philosophie, par un petit-neveu d'Érasme. 1 vol. in-18...................... 3 fr. 50

Tealdo. Journal et Histoire d'un Prêtre de campagne, par J.-G. Prat. 1 vol. in-18.................. 3 fr. 50

Aventures et Voyages d'Almanarre, par J.-G. Prat. 1 vol. in-18 jésus............................ 3 fr. 50

La Fille du Mouchard, par X***. 1 vol. in-18 jésus. 3 fr. 50

La Philosophie absolue, par le docteur Mure, ouvrage publié par Sophie Liet. 1 vol. in-8......... 3 fr.

Aventures des mers de la Chine. — Les Contrebandiers d'Opium, par Pajol-Alard. 1 vol. in-8 illustré.... 3 fr.

Le Livre du Désir, par la princesse Anna L. Dinska. Volume-Album in-4° illustré................. 6 fr.

Imprimerie D. BARDIN et Cie, à Saint-Germain.

AUTOUR DU PÉCHÉ

IMPRIMERIE D. BARDIN ET C⁸, A SAINT-GERMAIN.

AUTOUR DU PÉCHÉ

PAR

MISS SARAH

PARIS
LIBRAIRIE DES AUTEURS MODERNES
—
1885
Tous droits réservés.

Chère Kiki,

Il était une fois, dans la villa de Menton, neuf personnes qui s'ennuyaient à crier : Kate, Mary, Sessie, les deux Dubourg, le révérend Smiht, le romancier économiste Armondini et le vicomte d'Ephren, et ton amie. Que ne peut l'ennui sur les faibles mortels ! Décidés à tout, nous avons pris le parti le plus noir ; et ce paquet qui t'arrive avec ma lettre te montrera de quelle rapsodie sont capables six jeunes filles, un pasteur, un économiste et un dandy. Figure-toi même que d'Ephren veut le publier. Et le révérend qui prétend que la Censure !... Vois-tu Kate, Mary, Sessie, les deux Dubourg et ton amie accusées de... *Oh ! very schoking, very improper*. Prends bien garde, chère âme, que d'Ephren ne te dérobe pas le manuscrit :

peine si j'ai osé le relire tout à l'heure, et le voir imprimé me ferait certainement rentrer sous terre.

Je t'embrasse, en attendant ton air sur le bleu des bas de miss Sarah, laquelle marche sur dix-huit jambes, dont dix masculines. Tu le vois, le schoking m'ensorcelle. Un baiser, vite.

Victoria.
En littérature, miss Sarah.

*Menton, villa Jolie,
3 mars 1885.*

EN CLASSE, MESDEMOISELLES!

AUTOUR DU PÉCHÉ

EN CLASSE, MESDEMOISELLES !

Q UINZE ans et vous portez robe longue ; le soir on ne vous renvoie plus vous coucher ; vous vous décolletez au bal et vous ne savez pas encore votre alphabet. Vous riez ? — votre alphabet d'amour — j'entends, Mademoiselle !¦

Au pensionnat, on vous apprît les noms des rois et des sous-préfectures ; vous savez quand les participes sont passés, les triangles égaux et qu'Amour se dit *love* en anglais. Mais, en français, comment, Mademoiselle?

Ce que vous dit votre valseur, ce qu'à voix basse l'on chuchote, les mains pressées au coin des portes, les pieds se cherchant sous la table, les œillades qu'on se renvoie et les sourires qu'on échange, le maçonnisme mystérieux que vos yeux baissés voient fort bien, pour le comprendre, il faut savoir par cœur, son alphabet — son alphabet d'amour — j'entends, Mademoiselle.

Votre cousin Léon, cet été, au château, vous parlait beaucoup à l'oreille. « C'est des bêtises » avez-vous dit! Las! vous passerez le meilleur de vos ans à répondre à ce catéchisme; heureuse qu'on vous les dise — ces bêtises — à votre tour vous les direz, et peut-être... Un éclair de malice a jailli de vos yeux? Auriez-vous deviné déjà?... Mais non, ce n'est là qu'impatience; toute Ève, de votre âge, est curieuse endiablée : elle veut connaître la pomme avec tous ses pépins.

Épelons donc! Vous rougissez et détournez les yeux! Voulez-vous donc, à votre âge, ignorer l'alphabet? — l'alphabet d'amour — j'entends, Mademoiselle.

L'ALPHABET D'AMOUR

AMOUR, sentiment qui n'est pas celui des convenances; on le représente en bébé dans les tableaux; c'est en réalité un grand garçon, souvent un homme mûr; il se montre toujours habillé à la dernière mode. Si vous vous attendez à l'original de Gérard, vous vous exposez à des désillusions. Ses accessoires ont changé depuis la Renaissance; pour carquois il a un étui à cigares, et un gilet de flanelle a remplacé la nébride; au lieu d'un bandeau qui l'aveuglait, une vitre à l'œil gauche. Il faut le dire tout bas pour ne pas désoler nos contemporaines, mais l'amour vrai, bien peu l'ont connu ; un grand nombre de rastouquères se sont faits ses sosies ; seriez-vous fée, prenez garde aux Bottom.

BAISER, la rencontre de deux bouches ; on le donne aux enfants, on se le fait donner par les grandes personnes ; on peut même le rendre si l'on est debout et que le canapé soit loin ; il y en a d'espèces aussi diverses que les personnes : Catulle a donné son nom à une série, et les nourrices à une autre ; en poésie, les baisers s'appellent fous ; ils effleurent ou ils mordent, suivant qu'ils ont lieu entre lymphatiques ou sanguins ; la seule caresse plastique, et les coquettes sont de savantes dames en disant :

— N'allons pas plus avant, demeurons,
— comme Phèdre.

CÉDER le plus tard possible — et jamais si l'on peut. Cette lettre désigne Mme Récamier, qui la supprima de son alphabet ; faites comme elle, à moins qu'elle ne signifie *considération*, mot qui doit être votre devise. Une femme qui s'offre dit quand même qu'elle a cédé ; ainsi eût agi Mme Putiphar, si Joseph ne se fût pas enfui, par vertu. A vous voir, je ne prévois pas, si ce n'est dans quarante ans d'ici, que vous ayez à tirer des ulsters, mais si cela vous arrivait d'ici quinze ans, retenez que la fuite est aussi la ressource des vertueux forcés. Céder rime avec Champagne.

DÉSIR, père de l'amour, qui en s'en allant, emporte son fils; rime avec Déshabillé, quoique ce ne soit pas prosodique; Désordre, effet de surprise; et conséquence de prise; Duchesse, femme que l'on regarde entrer et sortir dans les drames de Victor Hugo; Dandy, le masculin de coquette; Devoir, ce qu'on ne fait pas; Diablesse, toute femme qui n'est pas angesse; Dévote, celle qui donne rendez-vous à l'église; Divagation, marque d'un cœur bien épris; Désillusion, le mot de la fin en tout.

ECRIRE, jamais! Dire et faire plutôt n'importe quoi; un baiser ne laisse pas de trace, mais un billet suffit à perdre; Esprit, la première fuite que cause l'amour; Etisie, résultat très rare de l'amour conjugal; Enlèvement, coutume romanesque contemporaine des diligences ; les enlèvements d'aujourd'hui se font à l'hôtel le plus voisin ; Étoiles, quelques personnes en ont vu au ciel de lit.

FAUTE, manquer de précautions et ne pouvoir plus nier ; Fichu, morceau d'étoffe qui joue un grand rôle dans le libertinage du dernier siècle, signifie aussi le contraire de la santé ; Flamme, signifie le désir physique au grand opéra ; les flammes se répondent, d'après les libretti ; Front, manœuvre de *huis clos*.

GOUT, on peut en discuter, mais non en dissuader. Lhomond dit : « *Studiosus*, qui a du goût pour » ; il est donc latin et permis de dire : « Je suis studieux de vous. » Le goût des dames va d'ordinaire aux imbéciles et le goût des hommes aux malpropres. La femme étant vaine et ne voulant pas qu'on la juge; l'homme étant grossier et n'aimant que du corps, cela s'explique. Il y a les goûts dépravés, comme celui des provinciales pour les militaires, etc...; mais rien n'en doit être écrit.

HAINE, sentiment qui se fait avec de l'amour aigri; meilleur le vin, meilleur le vinaigre; de même pour la haine. On dit « sous les armes » d'une femme habillée, cependant elle se déshabille pour le combat. Homme, un ténor d'abord, un adorateur ensuite, un brutal pendant et un goujat après; il est l'acier du briquet d'amour dont la femme n'est que le silex.

INFIDÉLITÉ, cas général des gens mariés, pourvu que les occasions présentent de la sécurité; il est ridicule pour un mari d'être fidèle; une femme qui ne l'est pas est déshonorée ; quelle belle chose que l'opinion ! Infini, ça se voit à certaines heures dans l'obscurité ; Infâme, épithète pour trahison ; Ineffable, mot de satisfaction ; Impertinent, épithète qui signifie souvent : « continuez ; » Insipide, ceux qui n'ont pas de goût pour vous.

J ALOUSIE, question extraordinaire qu'on se donne soi-même, expiation terrible ; Jambage, droit conjugal, féodal au moyen âge, mais pratiqué aussi par les vilains ; Justification, comédie conjugale qui tourne toujours à la confusion du mari ; Jolie, épithète à femme ; on dit : les Jeux de l'amour et les travaux de l'amour. Tous deux sont justes.

K REMLIN, vertu des femmes d'après ce qu'elles en disent ; Krack, vertu des femmes d'après ce que l'on voit ; mais il ne faut croire ni à ce qu'on dit, ni à ce qu'on voit; Keepsake, mariage de convenance, littérature de convenance; Képi, chapeau de Gessler qui fait ôter leur bonnet et même leur chemise à beaucoup de Suissesses; Kermesse, antithèse de salon bleu d'Arthénice.

ENDEMAIN, ce qui devrait retenir aujourd'hui, toujours; Labyrinthe, les amours qui dépassent cinquante-huit heures; Lacet, ce à quoi on fait des nœuds pour les défaire à quatre mains; Larme, le plaisir en fait verser, disent les poètes fabuleux; Légitime, ce qu'un homme en écharpe autorise; Libre échange, le rêve souvent réalisé des incompris et des incomprises; Luxure, dénomination grossière des actes éthérés et séraphiques qui constituent la perpétration d'un sentiment.

Mari, Mariage, Ménage; Modération, Moralité figurent à l'alphabet d'amour pour la forme seulement. Un mari est un associé, un Mariage est un engagement à cohabitation et aux conséquences; un Ménage, une marmite à tenir chacun par une anse; Modérer ses désirs, autant dire de n'en pas avoir; et Moralité n'étant qu'une question d'opinion, il faut se voiler la face en Turquie et les jambes ici; le reste est mythe.

Nue, vêtement des plats d'argent, des murs d'église, des discours d'académiciens, des statues avant M. Ravaisson Mollien, de la femme qui a tout quitté ou de celle qui n'a encore rien mis. On assure que jadis nos grandes aïeules allaient ainsi par les chemins et ne faisaient pas plus de mauvaises rencontres que nous ; peut-être moins, car nous pouvons aujourd'hui nous donner la croupe et la gorge qu'il nous plaît, nous refaire les hanches ; avoir les mains et la figure bien, voilà tout ce qu'il faut à la femme moderne pour être désirée. Pour être conservée, il faut que les chiffons ôtés il reste quelque chose de la femme, et voilà pourquoi les amants d'aujourd'hui ne voient jamais leurs maîtresses nues : Pudiques et prudentes qu'elles sont.

O PINION, la reine du monde et d'ailleurs, lui faire le baise-mains et même l'autre ; Opium, odeur spécifique de la chambre des époux ; Oubli, suite et fin de l'amour ; Observation, faculté qui enraye la passion quand elle n'est pas enrayée par elle ; Opéra, l'endroit de Paris où la musique coûte le plus cher à entendre, mais où l'on est vue, ce qui est sans prix.

PASSION, maladie qui prend à la fois l'âme et le corps et a fait commettre un tas de choses absurdes et horribles ; a inspiré en revanche les plus grands chefs-d'œuvre; Pudeur, un artifice, ou une nécessité, ou une timidité ; Possession, d'ordinaire le comble de la désillusion; Pensum, le devoir conjugal ; Physique, science de l'action que les corps exercent les uns sur les autres.

QUARANTAINE, quinquagésime de l'amour; il faut renoncer aux pompes et aux œuvres de Cythère, ou s'adresser à d'affreux nautoniers et fréter à ses frais les voyages; Quêteuse, une dame dont la voix demande pour la nouvelle chapelle et dont les regards quêtent pour la sienne; Question, ce qu'il ne faut jamais faire à une femme; Qu'en dira-t-on? ce qu'il faut toujours se dire.

AISON n'est pas ce qui guide l'amour, selon l'avis de Corneille; Réalisme, la grossièreté en littérature et en libertinage; Rechute, chose qui arrive toujours; Reculer, manœuvre qui a pour but de faire avancer l'ennemi; Rencontre de deux âmes sœurs n'est pas synonyme de Reproduction; Risque, ce qu'il faut courir le moins possible; Robe, objet d'art qui tient de la peinture par la couleur, du modelage par le dessin et qui ne tient pas assez pour ne pas glisser parfois.

SAGESSE, dame qu'on voit très rarement dans le monde et dont toutes les autres parlent; Sacrifice, ce que l'on fait sans plaisir; Secret, une femme ne garde que les siens; Sopha, titre d'un roman ennuyeux, qui désigne aussi un meuble d'une mauvaise réputation.

TALON. C'est au talon qu'Achille fut blessé:

Mais votre endroit faible est placé
D'une façon bien plus charmante.

Ainsi s'exprime le chevalier de Parny, parfumeur du siècle dernier, qui vendait des fleurs aux dames.

UKASE, tout caprice de femme russe; Uranie, femme qui a inspiré la chercheuse de clair de lune; Utopie, l'amour dans le mariage et le bonheur dans l'amour; Ultimatum est toujours le même en amour, et pour ténor et diva qu'on puisse être, on vocalisera, on trillera, appogiaturera, mais le contre-*Ut* est toujours le même.

VEUVAGE, le rêve des femmes mariées; Vaccin, la flirtation est le vaccin de l'adultère; Valet, c'est un homme pour les femmes malades; Vertige, effet de valse et de canapé; Vertu, un beau mot.

WHIST, silence, le seul mot anglais nécessaire à la sécurité des pécheresses de toutes nations; Williams, prénom du poète qui a le mieux compris la femme; Windsor, palais où sont les plus beaux portraits de femme.

X MONOGRAMME mathématique de la femme; cette inconnue autant d'elle-même que des autres; Xantippe, repoussoir pour une figure d'Imogène; Xavier de Montépin, le plus grand romancier français pour les Russes; Xénophon, l'inventeur de la Retraite, sonnerie réglementaire; Xylographie, but du mariage, voir le lit de Pénélope dans Homère.

Y ANKEE, demoiselle à allure pericolante, sans péril, amazone voyageuse et créature sportive qui se métamorphose en tombant dans le pot-au-feu; a inventé la Flirtation, sorte de manège de mauvais lieu, d'où rien ne suit; acclimatée sur la scène française par le spirite Sardou.

ZÉRO, fin d'une bonne fortune de banquier ; Zeste, fin d'un amour mondain ; Zut, fin d'un amour canaille ; Zolâtrie, fin de la littérature ; Zone, il y a des femmes qui morcellent leurs faveurs à tant de centimètres carrés par semaine ; Zigzag, la dernière goutte de la bouteille ; Zézaiement, phénomène spasmodique qui n'est pas toujours signe de mauvaise conformation ; Zizanie, trait d'union entre toutes les femmes ; Zinzolin, habit de Théophile Gautier dont Théodore de Banville a hérité ; Zoïle, tout critique de *Autour du Péché.*

LES
SAISONS AMOUREUSES

LES

SAISONS AMOUREUSES

PRINTEMPS

Dans le sentier feuillu, la fillette effeuille une marguerite et l'interroge sans savoir pourquoi, mais les satires ont ricané dans les arbres et le jouvenceau qui la guette s'est avancé ; et tous les deux sont aussi troublés l'un que l'autre d'être ensemble. Elle effeuille toujours sa marguerite qui n'a plus de pétales et lui, muet, tortille le bout de sa veste. Cela dure un peu, mais comme il faut que tout finisse ; le gars tend la main vers la tige de la marguerite, la jeune fille ne retire pas la sienne et les voilà face à face et leurs regards se croisent, et, sans savoir comment, leurs lèvres se joignent; mais elles ne se désunissent plus et les cigales strident plus fort, et le soleil darde plus chaud, et le ruisseau murmure plus vite...

Dans le sentier feuillu, les faunes ont ricané sous les arbres.

ÉTÉ

BERTHE est dans tout l'éclat de sa beauté; le mariage l'a laissée svelte, et un cortège de soupirants subjugués la suit partout de Nice aux plages océanes et aux châteaux de la Loire.

Mais cette cohue d'hommages ne lui est pas plus qu'un bouquet d'orgueil à respirer, elle appartient tout à sa chère passion, si bien cachée que nul ne s'en doute, surtout son mari : et son grand bonheur est de songer qu'elle échappe à l'espionnage du monde et se gorge de voluptés sans que sa réputation ait plus de tache qu'une hermine.

A quinze ans on aime sans comprendre, à trente-cinq on se hâte, les parfaites amoureuses ont vingt-cinq : à cet âge la femme a encore toutes les grâces et déjà toutes les perversités.

AUTOMNE

Renée semble une reine de tragédie; la majesté de son port junonien la fait comparer à une déesse, elle en a la démarche fière, très décolletée, montrant de magnifiques épaules, sa gorge lourde a encore toute sa fermeté, et ses beaux bras nus siéraient à une amazone; jamais sa beauté n'a resplendit comme maintenant à son automne : cependant elle est triste, après ce suprême éclat, elle verra tous ses charmes décroître et cette prévision la torture et l'empêche de jouir de sa glorieuse beauté d'aujourd'hui, car elle doit fatalement, disparaître dès demain et elle tremble que l'amant adoré ne fuit à la vue du premier cheveu blanc, ce lacet si fin et qui a étranglé tant de fermes amours.

HIVER

PRESQUE vieille, les tempes fanées, les cheveux tout blancs qu'elle a renoncé à teindre, la marquise Clotilde n'a gardé de ses charmes que sa haute taille que l'embonpoint dépare, et ses belles mains.

Dans le monde on ne la courtise plus, on l'a rangée facilement « parmi les mamans » et cependant la malheureuse a gardé en vieillissant les désirs de la jeunesse; pour tromper son malheur, elle se fait maternelle avec les très jeunes gens, les aide de ses conseils, de sa bourse; elle espère que l'un oubliera un jour ces cheveux-là... Mais vainement elle s'inonde de parfum, vainement elle profite de la moindre douceur de température pour les recevoir en des déshabillés qui s'offrent; ils ne veulent pas comprendre, et la vieille femme passe ses nuits à pleurer, appelant dans ses rêves l'amant qu'elle ne pourra plus rencontrer.

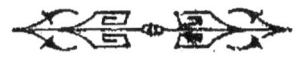

LE
POÈME DES HEURES

LE POÈME DES HEURES

I

MINUIT

ES douze coups ont tinté, successifs, au beffroi de Saint-James. Le silence s'ajoute à la nuit.

Le clapotement de l'eau des fontaines, le pas lourd des ouvriers avinés, les rires rauques des prostituées hélant le passant, éclatent seuls dans la sérénité calme de la ville endormie.

La lune tire sur son croissant blafard un rideau de nuage gris et ses rayons blancs tamisés de brouillard découpent l'angle des toits en profils sinistres.

La flamme jaune des réverbères vacille rougeâtre et sanglante sur les murs effrités et refoule les ombres épaissies dans l'enfoncement des porches.

Les chats se renvoient leurs miaulements plaintifs et clairs comme des cris d'enfants.

Tout dort, tout repose, hormis la prostitution et l'intelligence. Tandis que je rêve d'idéal, la fille du carrefour hurle et réclame le prix de ses hideux embrassements.

UNE HEURE

Le grand premier rôle a tué le traître, le ténor a sauvé la patrie, et les jeunes premiers sont mariés, on sort.

Et l'on cause : « Oh! la robe de la reine avec ses bouillonnés d'argent » dit une femme. « Oh! le collant du ténor » dit une fille. « Oh! les notes plastiques de ces jambes » dit un mélomane, et ils rentrent chez eux en exclamations, mais le théâtre les hante jusqu'au lit : les époux, avant de s'endormir se brouillent, à propos des gens qu'ils ont lorgnés l'un et l'autre ; et tandis que plein d'ennui le soiriste écrit, le sommeil aux yeux et le dithyrambe à la plume sa première représentation, la jeune fille en faisant sa prière demande à la bonne Vierge que le monsieur qui viendra demander sa main ressemble au ténor et l'emmène pour passer la lune de miel dans le décor du troisième acte.

DEUX HEURES

Il y a grand bal à l'hôtel de Thuringe, et les gens les mieux nés de Paris cotillonnent; ils sont joyeux comme si on leur avait rendu leurs privilèges, et à les voir ainsi insouciants et gais, on croirait que le bon roi, Henri le cinquième, est rentré dans sa bonne ville de Paris.

Dans la rue, nu-tête et secouant une chevelure emmêlée, l'avocat Tessier, qui travaille depuis le coucher du soleil, prend l'air à grandes enjambées et fume une maigre cigarette qui ne pourrait pas être suivie de plusieurs autres. Il aperçoit les fenêtres étincelantes de l'hôtel et les ombres des couples qui tournoient, il sourit :
« Allons, dit-il, le faubourg Saint-Ger-

main s'amuse; dans dix ans j'aurai cet hôtel, moi, et je le mériterai, car mes veilles m'ont fait supérieur par l'intelligence à ces fantoches à rubriques historiques. »

TROIS HEURES

DANS l'alcôve parfumée, après mille jeux défendus et pervers, ils se sont endormis mignonnement. Lui a entouré de son bras sa taille souple; mais voici qu'une affreuse douleur le réveille, une crampe le mord du poignet à l'épaule, une crampe horrible. Retirer son bras, il n'ose, car c'est là une très grande dame, sa coucheuse, et il reste les nerfs tenaillés, les jointures ankylosées; comme Milon, pris dans un chêne, il est pris par le poids très réel de la séraphique amante, et pour deux heures du moins il gardera cette position de torture ; une froide sueur coule sur son visage. « Ah ! se dit-il pensif, l'expiation est pire que le délit ; j'ai certes plus de douleur que je n'ai eu de plaisir. » Et voilà pourquoi le vicomte Adhémar, don Juan parisien, n'insistera plus pour qu'on lui accorde des nuits plénières.

QUATRE HEURES

ET la bande titubante sort de la Maison-Dorée ; les femmes ont mal agrafé leurs robes, et leur chapeau ont des airs de tour penchée ; les gommeux tètent d'énormes cigares éteints ; ils diront demain qu'ils se sont follement amusés, et cependant ils bâillent plus d'ennui que de fatigue.

L'armée des balayeurs s'empare à cette heure des boulevards, et à comparer les meurt-de-faim de la voirie et les viveurs, ils ont la même flétrissure, et les stigmates de l'imbécillité font autant de ravages que la misère.

Il serait donc vrai, Dieu juste, que l'abondance d'or et le manque de pain, que la richesse et la pauvreté sont deux misères presque identiques.

CINQ HEURES

Sortant d'un porche malpropre, l'air penaud, un tout jeune homme se hâte à travers les rues encore désertes : pauvre étudiant, il avait encore hier la voluptueuse ignorance ;

mais il lui est venu de l'argent du pays, et il a voulu savoir les joies physiques. Tristes joies, « c'est donc cela — se dit-il — que les poètes ont chanté, c'est donc ça qui fait pâmer Musset ! » et la nausée le prend, il a honte de lui et marche furieusement, car le remords le poursuit. Mais hélas ! au prochain jour il recommencera à boire à la même fontaine Wallace de l'amour pour s'en repentir après. Comment une expérience ne guérit-elle pas de tout espoir de plaisir ? Comment ? le diable qui y veille le sait.

SIX HEURES

CONSTANCE, la servante dévote, la vieille fille à la virginité aigrie, est déjà descendue chez le charbonnier et la boulangère apprendre les can-

cans et en débiter. Cette bonne âme revenant de la messe déchire de ses dents branlantes les réputations du quartier : ment et calomnie de son doux filet de voix, de toute sa poche de son venin ; et si le soir elle coudoie une malheureuse que la faim pousse au vice, elle déclamera contre les filles perdues, elle qui gratuitement fait au prochain tout le mal qu'elle peut. Arsinoë de cuisine, pour qui nul n'est blanc, et qui fait payer à tout le monde les frais de son édifiante dévotion.

SEPT HEURES

Il fait jour chez les jeunes filles qui font leur prière, encore poursuivies des rêves indéfinis qui les ont hantées la nuit. Déjà les leçons et le maintien innocent leur pèse, elles aspirent à l'émancipation du mariage, car elles savent que les femmes mariées se lèvent très tard et cela suffit pour leur donner le goût de ce sacrement. A peine débarbouillées, il faut sortir par le froid, aller en classe s'écraser la poitrine aux pupitres; mais cet ennui n'aura qu'un temps, et cela leur est si lourd d'être petites filles et écolières, qu'elles aspirent à en avoir elles-mêmes, pour cesser de l'être. Ces petites filles, vraiment déjà de petites femmes!

HUIT HEURES

Au catéchisme, les enfants distraits ne songent guère aux mystères qu'on leur enseigne; ils voient dans leur famille tous leurs parents avoir des sourires sceptiques quand on parle de religion, et avec leur logique d'enfant ils se demandent pourquoi on leur fait croire à ce qu'on ne croit pas ; mais cette courte réflexion traverse seulement leur jeune tête, et afin de n'être pas punis et d'avoir de belles images, ils brament : « Je suis chrétien par la grâce de Dieu » comme ils épelaient autrefois l'alphabet. Ce n'est que bien plus tard qu'ils reprendront ce même catéchisme, pour le croire ou le rejeter.

NEUF HEURES

Aux églises mondaines, de jolies matineuses en simples toilettes, écoutent la messe ; et l'on pourrait croire que la Foi les y a menées, car elles ne voient personne et ne sont vues de personne. Si fait, elles sont vues de M. le Curé qui officie, de la loueuse de chaises, du bedeau, et si quelque chose de leur rôtissage de balai vient à transpirer, autant de défenseurs : « Une dame qui va à la messe tous les jours, vous rêvez... C'est impossible. » Et puis, pour les épouses surveillées, le prétexte est excellent. Cependant, il y a des messes basses pieusement entendues, et celles-là compensent les autres aux yeux de Dieu.

DIX HEURES

HERMANCE, réveillée à cette heure-ci, est un sujet d'étonnement pour sa camériste : « Que peut donc avoir madame, se dit-elle. Madame a un gros ennui qu'elle ne veut pas dire et qui lui cause les plus terribles cauchemars : elle en a les yeux battus et le teint altéré. Cependant, elle n'a point d'amant qui l'ait trahie, ni de mari qui puisse la surprendre, ni de notes à payer, ni de cheveux blancs à cacher, ni billets de loterie à placer, ni rien de ce qu'on appelle un ennui, cependant elle se désespère, car au bal de l'ambassade d'Angleterre, son amie intime, la marquise, avait des fronces de corsage bien plus réussies que les siennes. »

ONZE HEURES

ELLE s'étire, bâille un peu et sonne, demande l'heure et s'étonne de sa matutiné : en effet, quand on songe que la veille elle a fait quatre toilettes soignées, une de maison, une de sortie, une troisième de bal; qu'elle a ses pauvres, ses fournisseurs, ses amies, qu'elle est allée au cours de M. Caro et au Bon-Marché, qu'elle a soupé en ville, été au théâtre et qu'elle a dansé une partie de la nuit, on est confondu qu'elle résiste à cette vie, cette femme diaphane et qu'un souffle briserait, à la voir. Mais on est du monde et on garde sa consigne jusqu'à mourir : Madeleine n'a pas pris plus de peine à se sauver que les mondaines n'en mettent à se damner.

II

MIDI

PARTOUT s'agite, poussé par la Nécessité, la cohue mortelle ; il faut gagner le pain de ce soir et de demain, et ceux qui dorment à minuit sont au labeur à midi. Le soleil indifférent baigne de ses rayons d'or les gue-

nilles et les désespoirs et va frapper le verre du gandin qui déjeûne à la Maison-d'Or. Un mendiant passe et voit la gemme que fait le soleil en éclairant ce vin très cher et il pense que tout n'est pas pour le mieux que l'argent pourrait être autrement employé et qu'il a droit, lui, à un morceau de pain. Passent des bourgeois repus qui à la vue du misérable s'écrient :
« Comment la police laisse-t-elle vaguer en plein soleil de pareils loqueteurs. »

UNE HEURE

BONNES et nourrices envahissent les jardins publics et les mères délivrées de leur maternité et du ménage jusqu'au soir, redeviennent mondaines, c'est l'heure où l'on fait sa toilette de ville pour aller médire chez les bonnes amies, on s'habille pour les rendez-vous donnés à une extrémité de Paris.

C'est l'heure des digestions bourgeoises et des idylles militaires et dans les pensionnats, prisonniers et prisonnières s'ébattent tandis que là-bas, au Champ de Mars, les soldats font l'exercice et les faubouriens boivent leur petit noir.

DEUX HEURES

Dans l'adorable bonbonnière où la charmante veuve est en tête-à-tête avec son amant s'entend un bruit de baisers et d'étoffes froissées amoureusement. Mais le vicomte Guy n'est pas tout à fait à la question ; elle s'en aperçoit et s'alarme, ne la trouve-t-il plus belle ou bien a-t-il perdu à la Bourse ; mais Guy s'excuse sur une violente migraine. La vérité est qu'à cette heure, il y a course à la Marche et que le sportman, donnerait tout son royaume, y compris la charmante veuve et les autres, pour un cheval qui gagnerait le grand prix et que dans le boudoir parfumé, il regrette, oh, beau sentiment ! la chère, l'idolâtrée écurie.

TROIS HEURES

Une voiture, aux volets fermés, passe au grand trot. Est-ce un adultère qui se cache? Est-ce un jaloux qui va guetter? On ne sait, mais, tous les regards frappent ces volets, on y sent un mystère ; par le trèfle découpé dans le bois, la petite comtesse remarque cela, et en rentrant, elle dit à son mari que les volets de voiture sont de mauvais goût et qu'il faut les remplacer par des verres dépolis ; et le mari, ravi de l'idée de sa femme, va au cercle se faire gloire de cette idée et le premier à qui il l'a communique est peut-être celui qui a fait venir l'idée à la comtesse.

QUATRE HEURES

'AVEZ-VOUS jamais passé place du Havre un peu avant cinq heures, quand arrive de Saint-Germain le train qui précède celui des maris, il en sort un troupeau de femmes honnêtes qui ont aux lèvres le rouge d'une morsure au fruit défendu.

En effet, cette ligne ne mène nullement autre part qu'à un musée gallo-romain, monument historique, et quand une femme prend le train ce n'est certes pas pour autre chose que la rencontre d'un gallo-romain, dont elle est le fragile monument.

CINQ HEURES

Tout le long du boulevard, les sujets de la fée verte boivent l'absinthe. C'est l'heure où les affaires finies on se rencontre et on s'arrête. Entre le scandale et la côte, entre l'étoile et le nouveau ministère, il n'y a place pour aucune autre conversation car malgré son adorable couleur de perroquet malade et son parfum de vert-gris, malgré ses qualités d'apéritif, la fée verte qui ouvre l'estomac ferme l'esprit et ses adorateurs sont un peu plus idiots encore après avoir bu.

SIX HEURES

IL va faire nuit; des ouvriers passent portant leurs outils et surgissant de toutes les rues, le noir bataillon de la luxure prend possession du boulevard extérieur : et dans un grouillis épeurant, la misère s'efforce à la grimace du plaisir : hétaïres à jeûn et viveurs sans chemise, elles vont, ombres damnées, sous la bise qui les cingle, passives et lamentables.

SEPT HEURES

VÊTUS d'amples manteaux, l'intrépide Hippolyte, la terrible lady Macbeth et la petite Chérubin se hâtent vers le théâtre, et à l'Opéra, cent employés mettent en même temps leur cravate blanche ; l'émoi règne dans les coulisses, les rocs et les arbres de la forêt des Ardennes, les fauteuils de Molière s'agitent ; tandis que la hache de Clytemnestre frémit aux mains de l'ustensilier ; les figurantes représentant les anges de l'apothéose cherchent à se damner lucrativement avant neuf heures : C'est l'heure du gaz et dans une centaine de minutes, l'iréel et l'impossible auront lieu en vingt endroits à la fois.

HUIT HEURES

RAYMONDE, profitant d'un voyage de son mari, a consenti à venir dîner avec son amant en cabinet particulier.

Mais elle se sent glacée, ne mange ni

ne parle, non qu'elle craigne un retour inopiné de son seigneur et maître, mais elle pense à toutes les parodies d'amour qui ont lieu dans ce vulgaire petit salon et elle qui aime vraiment, s'épeure à la pensée de s'assimiler pour une heure même, aux folles qui, tous les soirs, se livrent ici ; et, quelque prière que fasse l'amant, elle s'en va, ne voulant pas mêler son adultère à de la galanterie.

NEUF HEURES

Aussitôt après le gloria, ils se couchent, n'ayant rien à se dire, mais le sommeil ne leur vient pas avant dix heures ; et pour tuer le temps jusque-là ils se disputent : Madame accuse Monsieur d'avoir mal loué l'appartement de leur maison de la rue Saint-

Maur, et Monsieur accuse Madame de prendre toute la place par l'opulence de ses formes ; et, le dos tourné, ils se disent des choses désagréables jusqu'à ce qu'ils s'endorment. Cette manière leur est coutumière, et loin de leur donner des cauchemars, les berce de songes à leur image.

DIX HEURES

SILLONNENT les rues du quartier latin, des « monomes. »

Les brasseries regorgent ; on fume, on hurle et l'on boit. Ils jouent aux escoliers, aux mauvais garçons, mais ces farouches étudiants si crânes à Bullier, tremblent devant une fille de brasserie qu'ils courtisent et se la disputent comme une Tyndaride elle qui vide leurs jaunets dans son petit sac, en se moquant.

Certes, ils méprisent les marivaudeurs anciens : Effiler des madrigaux pour une femme du monde, foin de cela ! mais se faire le valet d'une ribaude qui fume et boit avec eux, que c'est digne et que les étudiants sont crânes !

ONZE HEURES

A l'Eden, le dernier acte du ballet lève toutes ses jambes et le provincial naïf se désespère de retourner à Saint-Quentin, il croit à l'exactitude maillot et à la bonne foi de la lumière électrique. Si la direction voulait être morale elle ouvrirait ses mystérieuses coulisses aux ingénus et les écailles leur tomberaient des yeux devant les tas de coton qu'ils ont désirés et la fée Urgèle

« se crêpant » avec une autre fée. Mais la direction s'en gardera bien, et, du reste, si l'on entrait dans la vie par les coulisses, on ne songerait qu'à la quitter et voilà pourquoi toute désillusion a son heure qui, la dernière, ne sonne qu'à celle ultime de la vie.

AURORE

Le jour, avec sa craie, sillonne de traits blancs la nuit, qui lentement replie ses gazes noires, quittant comme à regret la terre ; les filous attardés rentrent dans leur repaire et les prostituées ont poussé leurs verrous. C'est l'Aube, le vice dort, le crime se repose et la vertu s'éveille d'un songe tentateur ; plus de mystère maintenant, la réalité apparaît ennuyeuse, et tout a sa forme et sa couleur.

Plus de sorcière aux carrefours, plus de visions dans cellules. Satan et ses suppôts sont disparus, et la vertu se lève avec le jour, le coq a chanté.

Le coq a chanté dans les cours, l'amour a chanté dans les cœurs, le baiser de l'aurore unit les lèvres des époux ; la première heure du jour rougit le front des fiancés et les vierges se hâtent, fuyant le lit et ses langueurs séductrices.

Mais vainement, le rhombe en feu du soleil apparaissant frappe aux carreaux de Thémire ; la courtisane dort et les rideaux épais gardent à la chambre parfumée toute l'ombre nocturne, le jouvenceau qui gît à côté d'elle s'éveillant, étire ses bras fatigués et bâille ; il la réveille de la main brusquement. « Quelle heure, sais-tu ? « Tu vois bien qu'il ne fait pas jour », dit Thémire qui se rendort.

Et le jouvenceau, qui a donné la moitié d'une fortune, bâille encore, s'étire et dit : « Que cette nuit est longue ! »

CRÉPUSCULE

Les nuages, là-bas, ont des taches de sang qui peu à peu se violacent ; et leurs découpures étranges semblent être des blessures ; le couchant saigne, et dans son adieu à la terre le soleil se voile de douleur comme un amant au départ. L'œuvre de lumière est finie, et les teintes se décomposent ; le violet se grisaille et le gris devient noir, l'œuvre de ténèbres commence. Toute une humanité nocturne va surgir; voici les filles au trottoir, voici les voleurs en embûche; et les conseillers graves, juristes éminents, en sortant des assises, cherchent d'un œil avide, aux quartiers vicieux, une proie à leur vice humaniste et latin. La fornication monstrueuse s'étale, et la bête surgit de l'homme, ignoblement.

Dans le grand parc où les bruits de Paris n'arrivent pas, vêtue de blanc et glissant comme un poétique fantôme entre les ifs taillés bizarrement, la comtesse Coryse attend l'amant qui a su trouver la clef d'or de son cœur. Longtemps elle l'a fait implorer, n'accordant qu'un baiser sur la main, sur le front, sur le cou. Mais depuis le dernier rendez-vous, elle a pris peur qu'il ne se lassât; elle a résolu de le rendre heureux; elle a mis ce vêtement de gaze qui laisse voir le rose de sa peau; elle est toute imprégnée de la senteur qu'il aime, elle a même choisi le bosquet où mourra toute sa résistance. Mais l'heure est passée d'une heure ; il ne viendra pas, il ne reviendra jamais; et la comtesse Coryse pleure et maudit sa vertu.

L'ERMITE

L'ERMITE, en sa grotte aux vents ouverte, une peau de bête serrée aux reins par une corde, ne possède que quelques rouleaux de parchemin, une Bible, un calame et un crâne.

Quand la prière lui devient difficile, il se remet au commentaire de l'Apocalypse et ne le quitte que pour prier de nouveau. Si quelque pensée du monde lui revient, il a sous les yeux le monogramme des peines perdues, la tête de mort.

La reine de Saba peut venir et sautiller lascivement à cloche-pied; les démons, d'un signe de la croix, il les chasse; les fauves, du regard il les dompte; voilà quarante ans qu'il mène une vie de jeûnes, aucune maladie ne flétrit sa vieillesse.

Il ne sait rien de l'humanité, si ce n'est qu'il faut prier et expier pour elle. Il eût pu coiffer la mitre, saisir la crosse, il ne l'a point voulu; il laissera aux fidèles son commentaire de l'Apocalypse qui les édifiera mieux que de pompeux mandements.

Quelquefois, des caravanes passent égarées et lui demandent leur chemin; il ne lui est jamais venu à la pensée de les suivre et de revoir une cité. Après un demi-siècle de solitude, d'année en année, un théologien vient consulter l'ermite, ou un rabbin discute avec lui un verset et s'en retourne : et c'est là tout son commerce avec les hommes.

Tout à Dieu, et faisant de cette vie une préparation à l'autre, il n'a pas une pensée, il ne fait pas un mouvement qui ne converge vers le ciel, son but.

Et il mourra, lui, sans avoir perdu aucune de ses peines.

INCANTATION

Miroir magique, réverbère mon amour au cœur de cet homme. A moi, Hécate, écoute mon maléfice; Daphnis m'a quitté; onze fois tu es apparue et disparue sans que je l'ai revu. Que les ombres de Circé et de Médée me soient propices auprès de toi, Hécate.

Miroir magique, réverbère mon amour au cœur de cet homme.

Que le feu que j'allume il le sente en ses veines, car je brûle ; que cette eau que je verse lui emplisse la gorge, car j'ai bien pleuré ; que cette terre que je foule l'oppresse comme ma poitrine est oppressée de son abandon ; que cet air que je chasse de mes poumons le rende muet quand l'autre femme lui parlera.

Miroir magique, réverbère mon amour au cœur de cet homme.

Que ce soit une femme ou un homme qui soit à ses côtés, qu'il éprouve de telles douleurs qu'il s'enfuie ; et vous, colombes noires, oiseaux d'Hécate, laissez tomber votre fiente qui aveugle, dans les yeux de l'infidèle, s'il ne les tourne pas bientôt vers moi.

Miroir magique, réverbère mon amour au cœur de cet homme.

LES
MUSES MODERNES

LES

MUSES MODERNES

THALIE ET TERPSICHORE

Muse d'Aristophane et de Ménandre, rieuse mortelle tu n'as plus un temple : tu avais gaiement accepté le sac de Scapin et les matassins de M. de Pourceaugnac, et la réception du *malade imaginaire;* mais quand on t'a coiffé du *Chapeau de paille* d'Italie, qu'on t'a livrée aux *Trois Épiciers*, qu'un bélître de l'Académie aujourd'hui t'a traînée dans la loge des portiers, tu n'as rien dit, ta Comédie française te resterait, croyais-tu.

Pauvre Muse, dans la maison de Molière, on joue Monsieur Scribe, et d'autres plus bêtes encore.

Toi, mère des Sirènes, Terpsichore, la dernière cour française te fit danser le quadrille des Lanciers et le chahut. Aujourd'hui tu ne présides plus qu'aux dervicheries mondaines et aux trois bals de l'Opéra.

Qu'Apollon vous rappelle à lui, ne restez pas plus longtemps en butte aux profanations modernes. Les bourgeois, ces crapauds dans la série de l'homme sautent, mais ne dansent, et la comédie qu'il leur faut, Thalie, c'est l'exhibition de deux cents maillots roses car ils sont boucs, et les lazzi d'un *Tintamarre* car ils sont idiots.

Rieuse immortelle, éternelle saltante ! qu'Apollon vous rappelle, ne restez pas plus longtemps en butte aux profanations des modernes.

MELPOMÈNE

CHANTE, Muse, avec Zola, la colère de Gervaise et l'épique fouaillement au lavoir, dis tous ces héros, à la casquette brillante et élevée comme le casque même de Minerve. Mes Bottes et Lantier et Coupeau ! Chante Nana qui efface Hélène et que la main des dieux frappe d'une épouvantable maladie, chante les rois de la rue S. Roch. Chante encore; Muse, le fils de Vulcain sorti du cerveau divin et les populacières imaginations de Busnach.

Tu as bien chanté la Lucrèce de Ponsard, chante encore la Fille de Roland, chante tous ces airs de mirliton, descends à la plèbe, afin que la honte t'en prenne, et que le plancher de la scène s'écroule sous les pieds des profanes.

De la tragédie tombée au drame, puis mélodrame, sais-tu quel opprobre t'attend demain, Jules Verne est là qui te guette et fera de toi un accessoire à ses machines : quitte-nous Melpomène, mais passe les mardis à la Comédie-Française pour voir un peu tes amants et ton souteneur, M. Perrin, qui dirigera prochainement un cèdre d'après Théodore de Banville, poète et seigneur.

EUTERPE

Les gens du monde te protègent, Euterpe, tu règnes encore par le piano, et tes temples sont restés à la mode, mais on vient montrer ses épaules et non écouter tes accents. Quant au peuple, va à ses cafés-concerts, va entendre ce que brament des femmes dépoitraillées et des pitres en habits noirs. Les orphées du jour s'appellent Libert, Amiati et Chaillier, et les titres de leurs chants, Euterpe, ne peuvent pas s'écrire. La bêtise en est si lourde qu'elle crèverait le papier. Mais, laissons le café-concert et risque une oreille aux théâtres des boulevards, et tu t'enfuiras consternée.

Cependant, il est aux alentours de l'Académie de musique de très savantes gens qui ont pâli sur les traites de fugue et qui font la grave musique. Les églises elles-mêmes donnent des auditions, et le jour où tu es dans le temple, Euterpe, le temple n'est plus qu'un casino, où l'on n'entre qu'en payant sa place.

Va, pour quelques savants croquenotes, ne demeure pas avec nous, Berlioz a clos le grand cycle et, à te dire vrai, en écoutant Gounod ils regrettent Offenbach.

ERATO

SEULE des neuf sœurs, tu as encore tout ton prestige et un digne pontife, Catulle Mendès. Les éditeurs de luxe publient exclusivement les livres que tu as inspirés, et par la féerie tu as pris le théâtre à ta sœur Thalie. Par l'importance que l'on donne à l'actrice au détriment de la pièce, tu as supplanté Melpomène; c'est toi et non Terpsichore qui mène les dernières danses. Les faiseurs d'opérettes t'ont livré le domaine d'Euterpe; on ne chante plus que les baisers lascifs, et ta sœur Calliope demeure oisive. Polymnie se tait et tu célèbres pour elle les causes grasses des tribunaux; Clio elle-même est réduite à étudier les alcôves du siècle dernier, et Uranie n'a plus que l'Observatoire, les mortels d'aujourd'hui ne regardant le ciel qu'à travers une lunette.

Tu es reine, mais d'une heure ; les modernes descendront au-dessous de ton inspiration, la maladie et l'impuissance les menacent même dans leurs vices ; mais pour l'heure, Erato, seule muse inspiratrice de ce temps, tu as pris leur royaume à tes huit sœurs.

CALLIOPE

Pauvre oisive, pauvre condamnée au souvenir comme ta mère Mnemosyne, depuis tantôt un siècle tu attends un geste à chanter, un grand nom à héroïser ; et vainement ton oreille tendue aux bruits de la fourmilière s'efforce à saisir la matière d'une épopée. Tu dors, toi, Polymnie ; de longtemps tu n'auras plus de rôle, le héros du jour est un machiniste, les hommes ne se soucient plus de toi, ils ne croient plus à l'immortalité, ils sont tous à leurs affaires, ils se sont taillé des mouchoirs dans la pourpre magnifique de ta puissance.

Mais un jour viendra, Polymnie, où ton temple sera lavé de ces hommes d'ordures. Une épée formidable prochainement luira et comme des chats enragés on les coudra dans des sacs, et un bourreau rouge, choisi parmi les grands penseurs, criera à chaque sac jeté au Volga : laissez passer la justice de la muse ; mais jusque-là, résigne-toi à la même servitude que tes sœurs ; l'insanité gouverne encore le monde, et toute la boue du ruisseau doit passer.

POLYMNIE

Jadis tu inspiras Démosthène et Eschine, ton dernier féal fut le grand O'Connell. Aujourd'hui, pauvre muse déshonorée, tu patronnes les avocats, ces pleutres criailleurs, lâches sbires de la parole, condottieri qui n'ont pas même le courage de leurs prédécesseurs du grand chemin.

Tous ces fils de bourgeois qui firent la Révolution ont eu des fils dignes d'eux ; ils siègent tous les jours en un palais hideux pour le déshonneur de la langue ; voilà pour les Latins.

Pour les Slaves, les uns par souffrance et ennui se laissent posséder par le démon nihiliste, tandis que votre père a encore des idées féodales, et qu'il détient un caractère religieux qu'il devrait rendre au pape romain.

L'éloquence est devenue enrageuse de clubs, ameuteuse de populaces, ou bien les évêques ressassent leurs éternels grands modèles; et puis la bouche éloquente se rencontrerait-elle, que l'auditoire ne se rencontrerait pas.

Pas plus de passions oratoires que d'autres, et tu peux fermer ton livre d'or et effeuiller tes couronnes, il n'y aura plus d'orateurs.

CLIO

L'HISTOIRE de ce temps n'est plus qu'une chronique de journal, et la nouvelle génération, que tu couves avec sollicitude, Clio, ne te donnera rien de grand à enregistrer !

Le ciel est vide pour les modernes : plus de chevalerie, plus de fanatisme, le règne du bon sens et du bien-être. Un avenir de bourgeoisie indéfinie, voilà ce que ton burin peut se promettre, à moins que le bas-fond montant à la surface ne submerge les détestables gens de cette heure ; mais après même sera le retour de semblables et inutiles cataclysmes.

Ferme ton livre, Clio, l'histoire est morte ; le faits-divers suffit aux faits et gestes de l'époque, et M. Wolf tient avec avantage l'emploi de Tacite. Les chroniqueurs parisiens, voilà les vrais Thaines : du reste, en temps réaliste on doit se contenter du *Journal officiel,* comme ta sœur Melpomène de la *Gazette des Tribunaux,* comme ta sœur Thalie de la justice de paix, comme ta sœur Calliope des dépêches de grandes manœuvres.

Clio, ma mie, vous n'avez plus qu'une

ressource, c'est de doubler l'académicien Lemoine aux *Débats*.

URANIE

O toi, la mieux partagée des Muses, Uranie, dont le regard bleu ne se détache pas un instant de la contemplation du firmament, tu ne vois pas l'œuvre de ténèbres qui s'accomplit sur la terre.

Tu t'enivres de l'harmonie des sphères, et tu ne vois ni Thalie ravalée jusqu'au vaudeville, ni Terpsichore jusqu'au chahut, ni Melpomène jusqu'à M. de Bornier, ni Euterpe jusqu'à Chaillier, ni Erato jusqu'à la féerie, ni Calliope jusqu'au siège de Frigolet, ni Polymnie jusqu'à l'avocaterie. Toi seule des neuf sœurs tu es heureuse; ton domaine, la terre ne peut te le souiller.

Toi qui es la Vénus spirituelle, mère de Linus, vois combien la Vénus Pandémos l'emporte sur toi auprès des grossiers mortels; toi qui n'admettais pas le vin dans les libations qu'on t'offrait, figure de l'amour divin, tu règnes, mais solitaire. Que t'importe? perpétuellement éblouie des chories de mondes auxquels tu présides, la terre disparaît pour toi perdue dans la forêt des étoiles.

AUTOUR DU PÉCHÉ

AUTOUR DU PÉCHÉ

PREMIER DÉSIR

SUZANNE, vous soupirez, doublement pour un rêve et pour une réalité, pour le premier chapitre d'un roman et pour le dernier. Le cœur et le pouls vous battent en même temps; ce n'est pas Ludovic que vous aimez — le premier — celui-là n'a pas de nom, c'est monsieur tout le monde, et ce n'est personne à la fois; l'antithèse de la femme, l'homme et l'antithèse de l'homme, l'idéal.

L'HYPOCRISIE

ELLE baisse les yeux sitôt qu'on la regarde ; au moindre mot son front rougit; ses pensées doivent être d'une pureté d'ange. A quel rêve bleu songe-t-elle aujourd'hui, joliment accoudée à sa table d'ouvrage? Ah! quel étonnement, si vous lisiez en elle ; cette innocente-là songe qu'il vaut bien mieux épouser un très riche vieillard qu'un jeune homme pauvre.

INGÉNUITÉ

LAURE, il n'est pas décent de courir des heures seule avec M. de Gevray.. C'est un très honnête homme, mais nos hôtes pourraient jaser.

Et la fille se trouble, la mère insiste :

— Pourquoi, Laure, allez-vous ainsi, indécemment, errer dans le parc, avec un monsieur presque âgé, un savant, mais mondain.

La fillette très vite, pour s'excuser bredouille :

— « Comme il est très savant, mère, c'est pour m'instruire. »

COMPLEXE

Tu auras beau dire, chère mignonne, « simplesse » n'est pas la devise de ma bague. L'homme que je rêve est blond le jour, presque brun le soir ; il a l'air d'une femme et il tord un louis comme je roule une cigarette ; il a l'air très doux et cependant a tué quatre personnes en duel ; il est pieux et capable de sacrilège ; il a toutes les vertus et aussi tous les vices ; il a violé et aussi défendu des innocences au péril de sa vie ; il sait être pauvre et il a volé ; il croit à l'enfer et cela ne l'empêche pas d'être assassin ; moine et bandit, Vautrin dans Rubempré.

— N'oublies-tu pas quelque trait de ton idéal ? lui dit ironiquement son amie.

— Si — fit-elle gravement — j'oublie l'indispensable : il me donnerait la peur perpétuelle de m'étrangler entre deux baisers.

POLTRONNERIE

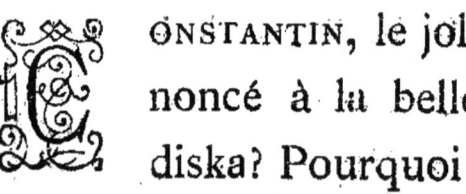ONSTANTIN, le joli duc, a donc renoncé à la belle princesse Tardiska ? Pourquoi ? Pour une conversation qu'ils ont eue :

— « Si j'aimais — lui dit la princesse — je serais tellement jalouse que je ne pourrais pas vivre à la pensée qu'une femme pût voir mon amant; ou je l'enfermerais avec moi dans un désert, ou je le défigurerais, pour que lors il ne m'échappât plus. Même, si j'avais un soupçon, je ferais plus, je le mutilerais… »

Et la princesse Tardiska étant très capable d'exécuter son programme, le joli duc a renoncé, avec le plus pressé des empressements.

L'A-PROPOS

L'INDIFFÉRENCE de la baronne de Tyr aux hommages qui l'entourent avait augmenté le nombre de ses soupirants à un tel point, que parmi tant de gens elle en trouva un à son goût. Joli homme sans fadeur, bien mis sans rappeler une gravure de mode, spirituel sans excès, une allure discrète de prêtre mondain.

Elle lui tendit d'abord son bras nu à baiser; il ne baisa que les doigts.

Elle le reçut en tête-à-tête, il ne baisa que le cou.

La baronne s'impatientait; un soir qu'elle était en grande toilette pour le bal, il fut hardi, mais mal reçu.

— « Mon cher, vous êtes le génie du mal à propos. »

Et voilà pourquoi, les occasions ne concordant pas avec ses dispositions, la baronne de Tyr est restée sage jusqu'ici.

LIBRE ÉCHANGE

Vous avez eu tort de troubler la paix du ménage d'une amie.

— Vous savez mal l'histoire ; quand elle m'a surprise avec le sien, je la croyais avec le mien. Ce n'était pas un vol, c'était un échange. Voilà la scène: je la laisse dans la serre avec mon Edmond et je vais avec son Charles dans le pavillon chinois. Et voilà qu'Edmond ne sait pas la retenir et qu'elle nous surprend.

— Vous avez beau dire, vous passez pour avoir voulu lui voler...

— C'est faux; j'ai voulu lui prendre son mari, c'est vrai, parce qu'on m'avait dit sur lui des choses curieuses ; mais je n'ai omis aucune occasion de lui offrir le mien.

CHIMÈRE

IMPOSSIBLE à réaliser! vous dis-je; ma femme devra être tout le jour une matrone, et la nuit venue, devenir une démone. Oui, je rêve que la chambre conjugale soit un temple saint, et à la fois, un mauvais lieu la nuit. Je veux une femme qui s'habille à peine pour le monde et qui mette spécialement pour moi d'admirables toilettes; qui me garde ses grâces les plus jolies, ses sourires les plus charmants ?...

— Et en échange de tout cela, que lui donnerez-vous ?

— Une fidélité absolue quant au cœur; quant aux passades, elles ne tirent pas à conséquence. Au reste, je veux pour cela épouser une femme bête.

— Hélas ! mon cher, une femme bête, c'est un idéal introuvable.

ÉGALITÉ

N grand émoi, M. de Chagny entre chez sa femme ; à peine la fille de chambre sortie, il éclate.

— Madame, vous êtes...

— Je suis...

Oh ! nier n'est pas possible ; hier soir, au souper de Gèdres, le petit Gontran s'est grisé ; et à un certain moment il s'est, dans son ébriété, jeté à mes genoux : « pardonne-moi d'avoir eu ta femme avant toi ». Nierez-vous ?

— Non.

— Alors, qu'êtes-vous donc ? Oser se marier n'étant plus vierge.

— Et vous, mon cher, l'étiez-vous

donc? répondit-elle, sans sourciller et souriante.

RESPECT

BIEN que férue du plus poignant amour, la comtesse Herminie se refuse à son vainqueur. Elle a trop d'orgueil, de délicatesse, et de bonne éducation pour jamais s'abandonner sur un vulgaire canapé.

Mais, tout en chevauchant, elle pense que son cher duc pourrait — elle frémit d'y penser — l'arracher de sa selle, au premier fourré, la posséder tragiquement : ce serait horrible, mais aussi son orgueil serait sauf, victime d'un attentat, elle ne perdrait rien de son prestige.

Mais le duc, infiniment respectueux, se contente de lui baiser le gant.

SOUHAIT

MON Dieu ! que je voudrais pouvoir trotter le jour, la nuit, partout, sans attirer l'attention, ni craindre de me compromettre !

J'ai soif ; une femme seule ne peut entrer au café, j'ai envie de fumer, de courir, je ne peux pas : si je me mets en voiture, on croit que je vais à un rendez-vous ; si je me mets bien, on me remarque ; si je me mets mal, je fais trop de plaisir à mes bonnes amies. Mon Dieu, que je voudrais donc être un homme !

CROQUIS D'APRÈS NATURE

CROQUIS D'APRÈS NATURE

Et le choléra ne vient pas !

Voilà vingt ans que penché sur mon microscope j'étudie les mœurs et coutumes des microbes; j'ai dressé une symptomatologie magnifique qui m'ouvrirait l'Institut.

Mais, même en matière scientifique, il faut de l'actualité, et tant qu'il ne mourra pas mille personnes par jour — oh ! pendant un mois seulement — je ne pourrai pas mettre sur mes livres : « De l'Académie des sciences ! »

HOMME DE LETTRES

ÊTRE lu comme Jules Vernes; avoir une chronique de M. Sarcey et une de M. Wolf; être chargé comme M. Richebourg de représenter la littérature française aux inaugurations de statue; être décoré comme un éditeur et couronné comme M. Manuel; avoir les honneurs de l'in-4_0 comme Richepin, et les bénéfices de la livraison illustrée comme M. Bouvier; avoir le suffrage des portiers lecteurs du *Petit Journal* et des cuisinières dévotes, comme M. Féval, voilà le rêve; mais combien peu y arrivent!

Et le fabricant de copie soupire.

ACADÉMICIEN

M. Camille Doucet, ce bonhomme respectable et caduc, pingard perpétuel des douaniers du Pont-des-Arts, cause avec un très jeune poète qui dès son berceau a été voué au gris perle et à l'Académie.

— « Ah! pouvoir se dire l'un des quarante, jeune homme, » dit Doucet avec l'air pénétré? L'Académie a du bon, puisque j'en suis; mais pour bien faire, il faudrait se soustraire au ridicule, et aucun secrétaire perpétuel ne le fut jamais.

DÉBUTANT

DEVANT le maître, un jeune réaliste attend le jugement de son œuvre.

— Mon cher — dit le célèbre auteur — vous ferez quelque chose, mais il vous faut perdre toute imagination et n'avoir plus surtout le souci d'écrire. Il faut suivre la lettre en tout et jamais de synthèse. Développez la *Gazette des Tribunaux*, voilà le précepte, et surtout pas d'esprit, la nature n'en a pas et il faut l'imiter.

— Alors, conclut le disciple étonné, la consigne est : « bête comme nature ! »

MAGISTRAT

ANGONET, procureur de la République à Avignon, est furieux; il espérait un siège important, mais le ministre de la justice lui a dit : « Au premier dizain de condamnations à mort, que vous obtiendrez, je vous promets de l'avancement. »

Il lui faut dix têtes tellement coupables que Julius très clément ne puisse gracier! Et après un dîner trop copieux chez le maire, le procureur disant la vérité dans le vin s'écrie :

— « Quel ignoble département que celui de Vaucluse! Depuis six mois que j'attends, pas un seul assassin! »

L'HABIT VERT

On lui a dit à vingt ans : « on n'arrive que par les femmes »; et comme il voulait arriver, il s'est dirigé vers les femmes. Ce qu'il a bu de tasses de thé, ramassé d'éventails, lu de petits vers, donné son avis sur de timides essais et contemplé de bas bleus, de bottines bleues, et parcouru enfin toute la chromatique du sigisbeime.

Mais, à travers toutes ces corvées, il voyait, agitant ses manches à l'horizon, un habit, l'habit de douanier! C'est sur les genoux qu'il a fait le trajet de la *Revue des mondes* au Pont-des-Arts, lapant la boue et trouvant moyen, né médiocre, de devenir nul.

Rien ne l'a rebuté, pas même les Putiphars qui font croire que leur descente de lit mène à la coupole où règne Pingard, le concierge perpétuel, le premier concierge de France.

Tous ses émules l'avouent, il avait tous les atouts en jeu, les salons Haussonvilliens, la Bulozerie et pas d'œuvre, un tout petit volume de vers moins méchants encore que ceux de Coppée.

Et voilà, justice du ciel! qu'on lui préfère Normalin, ce pion journaliste. Ce malheureux alors se tâte l'esprit; s'il se trouvait du talent, rien qu'un peu, mais il ne s'en trouve pas, et il mourra plein d'amertume, inconsolé de trente ans de peines académiques perdues.

HIER ET AUJOURD'HUI

Jeune homme dédaigneux, et qui te plais aux larmes que je verse pour toi, éphèbe sans désir, amoureux de toi-même, ne crois pas que toujours cette impavidité cuirassera ton cœur aux charmes de la femme; ta splendeur a seize ans; que quelques années viennent, et tu ne seras qu'un homme sans prestige, qu'un être sans mystère; tu me refuses aujourd'hui, je te refuserai demain.

Ni mes cheveux si blonds, ni ma lèvre si rouge, ni toute ma beauté qui palpite pour toi n'ont pu rien obtenir qu'un sourire moqueur; pour te défendre ainsi de mon désir ardent, quel charme portes-tu à l'endroit de ton cœur? Songe qu'un talisman n'est pas puissant toujours, et que tu me voudras quand je ne voudrai plus.

Tu n'as plus seize ans, te voilà un homme — de chérubin que tu étais, et tu désires et tu mendies mes faveurs jadis refusées : ta splendeur c'était ton âge, quelques ans passés, tu n'es plus qu'un homme — et ce n'est pas assez, cela, pour m'enflammer. Moins belle, je te plais, mais tu ne me plais plus ; je ne raille pas n'étant pas méchante, mais songe que l'amour n'attend pas, je t'en ai averti. Tu m'appelles « cruelle », pourquoi? On a aimé, on n'aime plus : il n'est pas de raison à cela. Vous étiez l'impossible; vous êtes à mon bon plaisir. Je vous voulais hier, vous me voulez aujourd'hui; la logique du cœur est d'être chimérique. — Je vous ai aimé, vous m'aimez : moi en avance, vous en retard. — Ainsi sur cette vieille terre va l'éternel chasse-croisé de l'amour.

LA
MONDAINE ÉTERNELLE

LA

MONDAINE ÉTERNELLE

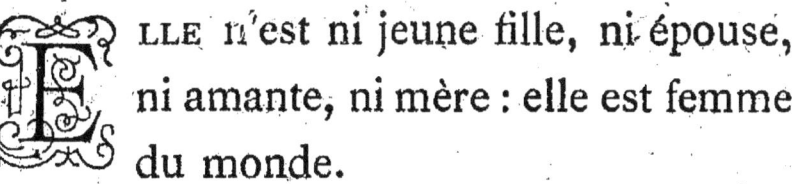LLE n'est ni jeune fille, ni épouse, ni amante, ni mère : elle est femme du monde.

Le monde, cette collectivité de désœuvrements riches et de platitudes dorées, voilà son rêve de jeune fille, sa chimère de femme.

En se mariant, c'est le monde qu'elle épouse, c'est à lui qu'elle jure obéissance et fidélité.

Si son cœur parle, ce sera pour l'homme à la mode : Capoul ou Caro.

Mère, elle dissimule sa grossesse au prix d'atroces douleurs, et la crise venue, encadre ses relevailles dans cette mise en scène qui est la loi de sa vie, consacrant au monde l'enfant qui vagit dans des langes de points d'Angleterre avec plus d'enthousiasme fervent qu'une matrone romaine vouant son fils à la patrie.

Être purement décoratif, charmant et nul, artificiel et tout extérieur, elle apprend de dix à vingt ans un rôle qu'elle jouera toute sa vie, sans un manque de mémoire et toujours avec le même brio : une comédie d'Émile Augier, les passions ôtées.

Le rideau se lève sur un berceau rose enguirlandé de rubans et de dentelles. Dès son entrée dans la vie, on l'enveloppe de ce qui sera sa grâce, sa force et sa science : le chiffon. Elle est à peine de ce monde que déjà on la pomponne, on l'atiffe, on procède à ce qui sera la grande affaire de sa vie : la toilette. Le premier bruit qu'elle entend, c'est le gazouillis vide et joli des amies de sa mère ; ce qui sera toute sa pensée : le bagout.

Elle n'a pas d'enfance. A quatre ans on l'appelle mademoiselle, on lui dit qu'elle doit se tenir droite et calme comme une grande personne et ne point avoir des façons gamines. Sa bonne lui défend de se rouler sur les tapis et la gronde si elle se salit les mains.

On la voit aux Tuileries, en petits costumes exquis, déjà soucieuse de ne pas se commettre, n'aller jouer qu'avec les petites filles qui lui semblent aussi bien mises qu'elle, c'est-à-dire de son monde.

Ces donzelles de sept ans se disent vous entre elles, ont des regards d'actrices, font bouffer leurs jupes et coquettent avec les petits garçons.

En pension, l'instruction qu'elle reçoit rappelle le conte de Voltaire et à chaque partie du programme on peut répondre l'A quoi bon? du bel esprit consulté sur la façon d'instruire le marquis de la Jannotière.

Il n'y a que deux éducations pour la femme : celle de la matrone grecque et celle de l'hétaïre. Le pensionnat est un compromis des deux et comme tel ne vaut rien. On tend aujourd'hui à prendre le système anglais, mais les Anglaises ainsi élevées ne sont souvent plus des femmes. Il est ridicule qu'un être, dont la fin est de plaire, sache qu'elle respire de l'oxygène, les cas d'égalité des triangles et la théorie des sélections.

J'ai rencontré au palais Pitti une adorable enfant de la verte Érin, une illustration d'Ossian, qui savait par cœur les dates de naissance et de mort de tous les peintres : elle ne comprenait rien à l'art.

Veut-on une femme utile ? Qu'on l'enferme étroitement dans l'économie domestique, d'après les préceptes du bonhomme Chrysalde. Veut-on une femme de luxe ? Alors qu'elle comprenne Léonard, qu'elle entende Shakespeare, comme elle joue Mozart ; mais lui apprendre à broder des tabourets et des pantoufles et à faire du crochet ; lui mettre dans la tête les trois cents trente rois de Menès à Mœris et les clauses des traités de l'histoire de France, c'est ne rien faire ni pour l'utile ni pour l'agréable.

Femme d'intérieur ou femme de parade, il faut opter.

L'une doit savoir faire sa soupe, sa robe, son lit ; l'autre doit parler comme un livre, penser comme un paradoxe, comprendre l'art comme un critique et la toilette comme un artiste : ou plutôt elle doit être elle-même un objet d'art, et mettre des poèmes dans les plis de sa robe, des idylles dans ceux de son fichu, des odes dans ses regards, des épigrammes dans ses sourires.

Le pensionnat, à part l'orthographe et un abrégé de Laharpe, enseigne deux choses : à se bien tenir et à bien penser.

Le maître à danser n'a plus son importance du xviiie siècle, ce n'est plus le sémillant bonhomme qui sautille pochette en main dans les gravures de Cochin et de Saint-Aubin. C'est une sorte de notaire sans lunettes qui s'entend à la mimique comme Loeke à la philosophie. Il peut danser la gigue ; le menuet, non pas.

On apprend à la jeune fille l'usage d'un temps qui en manque, le ton d'un milieu qui l'a mauvais et le goût du jour qui est faux.-

On baisse les paupières de ses yeux mutins, on lui colle aux lèvres une bande de sérieux qui ne tient pas. Toutes ces charmantes petites individualités, on les frotte les unes contre les autres, jusqu'à ce qu'elles soient démonétisées et frustes. Quand elles se ressemblent toutes, qu'on les a bien clichées les unes sur les autres, on croit avoir fait œuvre de haute éducation.

L'esprit de la jeune fille est traité par la même orthopédie.

Une originalité perce-t-elle, vite l'on reboute cette luxation de caractère. On lui dit comment il faut saluer ses amies, ses parents, les vieillards et les évêques ; ce qu'on fait en telle rencontre de la vie et ce qu'il faut penser des choses et des hommes.

Il y a un prototype, un moule de la jeune fille morale; il faut que toutes y rentrent. A leur étonnement, devant une chose absurde, on leur dit : « C'est l'usage, la mode, le monde. » A l'aide de trois ou quatre formules, elles doivent pouvoir raisonner sur tout. Cela rappelle la machine à penser que Raymond Lulle confectionna dans le but qu'on pût répondre aux sophismes captieux de l'Antechrist. La maîtresse de pension ne prévoit pas si loin et sa machine logique n'est qu'une brochette de préjugés et de conventions. La jeune fille eût été une Renée Mauperin, elle sera une poupée.

A côté des leçons officielles, il y a les causeries dans les coins, les veillées du dortoir, les confidences des bonnes amies. S'imagine-t-on ce qu'une demi-douzaine de jeunes filles qui se prêtent mutuellement leur malice peuvent s'apprendre et deviner ?

Du couvent elle passe au salon, ignorante, ce qui est une innocence; curieuse, ce qui est un danger. Les yeux baissés, elle voit; l'air distrait, elle écoute. Sa mère l'amène au théâtre et lui laisse lire les romans du jour qui traînent sur les tables. Le premier bal, le premier danseur la préoccupent d'abord, mais ne l'occupent pas longtemps. Déjà elle ne s'appartient plus assez pour songer à quelqu'un en particulier; fille du monde, elle est toute à tous.

Survient un monsieur habillé chez Dusautoy, ganté chez Reynier, coiffé chez Gibus, la fortune entamée rue Vivienne et la santé aussi rue Bréda. Les coffres-forts et les familles se conviennent; ce sont eux qui s'épousent.

La jeune fille arrive au seuil de la

chambre nuptiale avec une ignorance physique complète et une science morale déjà grande. Ce qu'elle ignore encore, elle le saura demain ; et demain, le souvenir écœuré, ridicule ou odieux de la première nuit créera cette existence en partie double si fréquente dans la haute vie. On l'a donnée, elle se reprend vite, trouvant son aplomb tout de suite. Le mariage pour elle c'est l'émancipation, une fortune à dépenser à sa guise, une voiture à ses ordres, puis les bijoux et les étoffes riches que la jeune fille ne porte pas. Plus de gouvernante à ses trousses ; elle sortira seule.

Elle fait alors comme sa mère a fait, comme fera sa fille. Elle arrange son existence sans tenir compte de son mari, autrement que d'un camarade ou plutôt d'un associé. Son premier bonheur sera d'avoir son jour de réception. La voilà dans son rôle. Sa vie est très pleine. Elle se lève à midi, mais elle s'est couchée à cinq heures ; il lui faut calculer la toilette de demain et revêtir celle d'aujourd'hui, aller au Bois et revenir se décolleter pour l'Opéra ou le bal. La villégiature dans les châteaux de la Loire ou aux plages de Normandie ne change rien à cet affairement inoccupé ; ce sont toujours les trois toilettes par jour, les visites et les soirées, le même tourbillonnement bruyant et vide.

Elle n'a pas l'esprit d'une du Deffant, d'une Cornuel, mais elle met tout celui de Voltaire dans des « ah ! » ou des « oh ! » Ce qu'elle dit est insignifiant, la façon dont elle le dit est charmante. Elle n'a pas le sens artiste, mais le sentiment du joli, du coquet. Ses toilettes, qui sont toute sa féerie, sont de sa couturière, mais elle les porte si bien et leur donne tant d'expression. Ce qu'elle fait dire à un bout de dentelle ou de ruban est merveilleux. Elle joue de toute sa personne comme une Espagnole de son éventail.

Son journal est la *Vie parisienne*. Ses maestros Offenbach et Lecoq, et un peu de Wagner pour la galerie. Elle ne va pas à la tour de Nesle, mais elle suit les assises pour frissonner un peu. Elle est bonne, puisque au fort de l'hiver elle va porter des secours dans les mansardes ; mais c'est qu'en rentrant chez elle, le tapis épais qu'elle foule, le feu clair qui lui rit, lui sont plus doux et qu'elle jouit mieux de sa fortune, après avoir visité la misère.

Au-dessus des vices, au-dessous des vertus, elle est honnête d'ordinaire, malgré l'apparence. Elle se fatigue beaucoup. Du reste, la spéculation lui suffit. Elle lit les romans, sans les vivre. Le monde, qui applaudit à toutes les excentricités, ne pardonne pas une faute. Elle le sait et tient le monde comme Bussy Rabutin à la cour. Elle mourrait loin de lui. Son art, c'est de danser sur la corde roide de la galanterie en se penchant beaucoup sans tomber. Si son cœur parle, elle ne l'entend pas, il y a trop de bruit dans sa vie.

Un moment vient où ses bonnes amies ne la déchirent plus. Elle comprend. Elle ne s'obstine pas, elle abdique.

On lui sait gré d'avoir su s'effacer à temps. Comme Rossini qui a cessé de produire en plein génie, elle se retire en plein triomphe de mondaine. On la regrette. Au second plan où elle se relègue, elle est encore très entourée. Les adorateurs sont devenus des amis, et son salon est toujours à la mode. Elle est indulgente et bonne, et promène sur toutes choses son sourire toujours jeune.

Vieille, elle est encore jolie. Les rides lui vont bien, comme la craquelure à la porcelaine. Le monde, pour qui elle a vécu, entoure sa fin d'un respect reconnaissant.

Elle a la conscience et la quiétude du devoir accompli.

Femme, elle a été fidèle à son mari qu'elle a poussé; mère, elle a gâté ses enfants qu'elle a casés. Que peut-elle se reprocher? Elle ne le voit pas.

Elle finit comme elle a commencé par un entrefilet au *Figaro*, et le tout Paris qui était à son mariage, assiste à son enterrement.

TABLE

A Kiki.
En classe, mesdemoiselles.................. 1
L'Alphabet d'amour...................... 6
Les Saisons amoureuses.................. 23
Le Poème des Heures.................... 31
Aurore................................. 59
Crépuscule............................. 63
L'Ermite............................... 67
L'Incantation.......................... 71
Les Muses modernes..................... 73
Autour du péché........................ 89
Croquis d'après nature................. 103
Hier et Aujourd'hui.................... 112
La mondaine éternelle.................. 115

Imprimerie D. Bardin et Cⁱᵉ, à Saint-Germain

NOUVELLES PUBLICATIONS
DE LA
LIBRAIRIE DES AUTEURS MODERNES
16, rue d'Argenteuil, Paris

LES
VIEILLES ACTRICES

LE
MUSÉE DES ANTIQUES
PAR
J. BARBEY D'AUREVILLY
UN VOL. IN-18 ELZÉVIRIEN : 3.50

L'esprit français, l'esprit du prince de Ligne, de Beaumarchais et de Chamfort, le mot de Saint-Simon qui coupe un homme en deux et l'épithète qui l'empale, la verve gauloise dans ce qu'elle a de plus endiablé et de plus gentilhomme, tout cela si loin, si perdu de défunt, revit et pétille dans les *Vieilles Actrices* et le *Musée des Antiques*.

En 1868, dans la *Veilleuse*, aujourd'hui oubliée, M. Jules Barbey d'Aurevilly, le théoricien et l'historien du dandysme, fit du pistolet en prenant pour cible tous les grotesques du salon, du théâtre et des lettres. Voilà ces cartons, dit-il, dans sa préface, comme s'il sortait de chez Gastine Renette. « On verra si c'était bien visé » et ces trois mots de préface, semblable à celle de l'*Amour impossible*, qui fait si bon marché du livre, ont une allure dandye tout à fait inimitable. Mais ne nous prenons pas au jugement que M. d'Aurevilly fait sur lui-même; il y a dans ce livre, écrit de verve et d'un « enlevé » merveilleux, trois morceaux de maîtrise qui seraient à mettre dans des morceaux choisis : Thérésa, Déjazet, Berryer. Ces deux premières pourtraitures laissent bien loin les deux pages trop citées de Veuillot et de Saint-Victor et, avec Berryer, la page devient de Tacite et juge à jamais comme Méry a jugé Talleyrand.

En dehors de ces chefs-d'œuvre, quel poème en prose à propos de Mlle Adèle Page, « simple comme bonjour et mélancolique comme bonsoir. » Puis le cinglement enveloppe dans un tourbillon de mots emportant le morceau; « Mlle Duverger, cette vitrine où le prince Demidoff expose la sienne, » et Aubert, le vieux paillard scribe de la musique française, et M. de Saint-Georges, le « Père éternel du livret, » et le prince de Brunswick, « ce principe cocotte ; » « Poli, polyglotte, polygame, » Cydalise Philarète Chasles, Barbier, « le Laferrière des poètes, » Feuillet de Conches, « ce gros rat gris rongeur d'autographe ; » La Guéronnière et Limayrac, « ces vessies de parole, ces flûteurs de l'accompagnement politique. » Ensuite *Antiques et Bleues* et MM^{es} Collet, Sand, Niboyet, Bousquet, Olympe Audouard, André Léo, Ancelot défilent fouaillées de railleries: le grand manteau bleu Taylor n'y échappe pas et Prévost-Paradol, le jeune antique, cavalier inhabile et emporté par son cheval au milieu des cent-gardes de l'impératrice, fait cul-de-lampe à ce livre d'une verve si continue d'expressions si inventées, de comique si fin, qu'il donne une idée presque juste de l'unique et incomparable causeur qu'est M. B. d'Aurevilly.

Revue des Livres, 1er Octobre 1884.

LIBRAIRIE DES AUTEURS MODERNES
16, RUE D'ARGENTEUIL

ÉTUDES PASSIONNELLES DE DÉCADENCE

PREMIER ROMAN

LE
VICE SUPRÊME
PAR
JOSÉPHIN PÉLADAN
PRÉFACE DE
JULES BARBEY D'AUREVILLY
FRONTISPICE ORIGINAL A L'EAU-FORTE DE
FÉLICIEN ROPS

Grand in-18 de xv-338 pages, marque
et cul de lampe de F. Rops. Titre rouge et noir : 3 fr 50

NOUVELLE ÉDITION

..... Eh bien! c'est ce genre de roman (le roman synthétique dont si peu d'esprits sont capables dans l'amollissement et l'affadissement universels, c'est ce genre de Roman qui fit de Balzac le plus grand romancier de tous les temps et de tous les pays, qu'un jeune homme inconnu encore — du moins dans le roman — ose, après Balzac, aborder aujourd'hui ! Tête synthétique comme Balzac, M. Joséphin Péladan n'a pas été terrorisé par cet effrayant chef-d'œuvre, le sublime diptyque à pans coupés que Balzac appela « la Comédie humaine », et il a écrit le *Vice suprême*, qui n'est d'ailleurs qu'un coin de l'immense fresque qu'il va continuer de nous peindre.

Balzac, dans sa grande « Comédie humaine », sur laquelle il mourut, hélas ! sans l'achever, avait donné l'éblouissante synthèse de la société de son temps, éblouissante encore. Mais après Balzac, quelques années de la plus foudroyante décadence pour la rapidité, ont élargi sa colossale synthèse, et c'est cette colossale synthèse élargie que M. Joséphin Péladan a entrepris de nous donner à son tour. . Il a pris sur ses jeunes bras plus lourd que Balzac, et, disons-le, plus terrible. Ce n'est pas de la synthèse d'une société entre toutes qu'il s'agit dans son livre, comme dans la *Comédie humaine*, — mais de la synthèse de toute une race, — de la plus belle race qui ait jamais existé sur la terre, — de la race latine qui se meurt.

Formidable sujet, car il est écrasant, mais magnifique, pour l'homme qui ne restera pas dessous !

II. — M. Péladan y restera-t-il ?.. Qui le sait ?... L'œuvre qu'il projette est si grande qu'elle pourrait déconcerter jusqu'à l'espérance de la sympathie . Son livre d'aujourd'hui, ce premier volume des *Études passionnelles de décadence*, qu'il nous promet, et qu'il appelle de ce nom, le *Vice suprême*, est déjà presque un gage donné à une gloire future par des facultés supérieures. Elles sont indéniables, ces facultés... J'en connaissais déjà quelques-unes. Ce débutant dans le Roman n'est pas un débutant dans les lettres. Avant de publier le *Vice suprême*, il avait publié une biographie de *Marion Delorme*, véritablement délicieuse ; mais c'est surtout comme critique d'art qu'il s'était dernièrement révélé. Il avait passé deux ans en Italie et il s'y était fait une éducation esthétique très forte, dont il a donné la mesure dans l'*Artiste* de l'an dernier. Il y écrivit un Salon de la compétence la plus profonde. Les qualités de ce Salon, scandaleusement belles et qui firent scandale, comme le fait toujours ce qui est beau dans ce monde de platitudes et de vulgarités où nous avons le bonheur de vivre, annonçaient un écrivain et un penseur très indépendant et très élevé ; mais on ne se doutait pas qu'elles cachaient un audacieux romancier, qui, probablement et dans l'ordre du Roman, va faire un scandale plus grand encore que dans l'ordre de la Critique.

Il y a, en effet, une triple raison pour que le scandale soit la destinée des livres de M. Joséphin Péladan. L'auteur du *Vice suprême* a en lui les trois choses les plus haïes du temps présent. Il a l'aristocratie, le catholicisme et l'originalité. En peignant la décadence de la race latine avec ce pinceau sombrement éclatant et cruellement impartial qui est le sien, M. Péladan a pris la société par en haut, parce que c'est par là, — par la cime, — qu'elle meurt ; parce que toutes les décadences commencent par la tête des nations et que les peuples, fussent-ils composés de tous les Spartacus révoltés, ne sont jamais, même après leur triomphe, que des esclaves. Les démocrates qui vont lire le livre de M. Péladan ne lui pardonneront pas d'avoir choisi pour héroïne de son roman une princesse d'Este et d'avoir groupé toute la haute société de France et d'Italie autour de cette femme qui a tous les vices de sa race et qui, de plus, en a l'orgueil. Depuis que les goujats veulent devenir les maîtres du monde, ils veulent être aussi les maîtres des livres qu'on écrit et y tenir la première place. Ils veulent des flatteurs d'*Assommoir* . et ils ne comprendront jamais que l'intérêt d'un roman, fût-ce le *Vice suprême*, puisse s'attacher à des races faites pour commander, comme eux sont faits pour obéir.

D'un autre côté, le catholicisme de M. Péladan, du haut duquel il juge la société qu'il peint, et qui lui fait écrire à toute page de son livre, avec la rigueur de l'algèbre, — que la race latine ne peut être que catholique ou n'être plus, — ce catholicisme est depuis longtemps vaincu par l'impiété contemporaine qui le méprise et s'en moque. Enfin, plus que tout pour le naufrage de son roman, il a l'originalité du talent dans un monde qui en a l'horreur parce qu'elle blesse au plus profond de leur bassesse égalitaire tous les esprits qui ne l'ont pas.

Telles les raisons qui peuvent empêcher le succès immédiat du livre de M. Péladan, mais que lui importe ! C'est un de ces artistes qui doivent beaucoup plus se préoccuper de la sincérité de son œuvre que de sa destinée .. Or, la sincérité de l'observation est, ici, comme la force de la peinture Le roman de M Joséphin Péladan, qui a pour visée d'être l'histoire des mœurs du temps, idéalisées dans leurs vices, n'en est pas moins de l'histoire, et l'idéal n'en cache pas la réalité. Le reproche qu'on pourrait faire au livre du *Vice suprême*, c'est son titre... Titre trop abstrait, mystérieux et luisant d'une fausse lueur. Il n'y a point de vice suprême. Il y a tous les vices qui, depuis le commencement du monde pourrissent les nations, et avant même qu'elles aient disparu dans la mort, dansent la danse macabre de leur agonie .. Ils sont tous « suprêmes » dans le sens de définitifs comme la dernière goutte d'une coupe pleine, qui va la faire déborder, mais il n'y en a pas un nouvellement découvert qui soit le souverain des autres et qui mérite ce nom de suprême, dans le sens d'une diabolique supériorité... Le cercle des Sept Péchés Capitaux tient l'âme de l'homme tout entière dans sa terrible emprise et Dieu même peut défier sa faible créature révoltée de fausser ce cercle infrangible par un péché de plus !

III. — On ne rencontre donc pas dans ce roman du *Vice suprême*, qui semblait le promettre, un vice de plus que les vieux vices, les vices connus, les vices éternels qui suffirent pour anéantir sous le feu du ciel Sodome et Gomorrhe et qui suffiraient bien encore pour que Dieu mît en morceaux sa mappemonde demain. Pauvres vices pour des blasés comme nous qui, semblables à l'empereur romain, en voudrions payer un de plus !... Mais que voulez-vous ? M. Joséphin Péladan a été bien obligé de se contenter de cette pauvreté, et sous son pinceau, on ne s'aperçoit jamais qu'elle en soit une... Je ne sache personne qui ait attaqué d'un pinceau plus ferme et plus résolu ces corruptions qui plaisent parfois à ceux qui les peignent ou qui épouvantent l'innocente pusillanimité de ceux qui craignent de les admirer... Peintre acharné de ressemblances, la *panique morale* ne prend jamais M. Péladan devant sa peinture, car il y a une panique morale moins odieuse, mais plus bête que l'hypocrisie. Il peint le vice bravement, comme s'il l'aimait, et il ne le peint que pour le flétrir et pour le maudire. Il le peint sans rien lui ôter de ses fascinations, de ses ensorcellements, de ses envoûtements, de tout ce qui fait sa toute-puissance sur l'âme humaine, et il en fait comprendre le charme infernal avec la même passion d'artiste intense que si ce charme était céleste !

Mais le moraliste invincible et chrétien est là toujours derrière le peintre, et c'est lui qui éclaire le tableau... Puisque M. Joséphin Péladan avait voulu peindre une décadence, il devait être hardi avec les détails comme avec le sujet de son livre, et s'il eût reculé devant aucun d'eux, il eût affaibli la conception de son roman. Dans le flot de personnages qui y passent sous nos yeux, on ne trouve pas même les trois justes qu'il fallait pour sauver Sodome. On n'y compte qu'une seule innocence et une seule vertu, l'innocence d'une vierge violée, et la vertu d'un prêtre qui résiste à de démoniaques tentations. Tout le reste de ce monde, en chute, n'est que corrompus et corrupteurs, dépravés et pervers, mais sans les mesquineries de l'indécence. Ils sont par trop au-dessus d'elle ! Si un vice suprême, en tant que nouveau et spécial à la civilisation qui nous tue, était impossible si l'auteur du livre a été obligé de se rabattre sur les vieux vices, connus de tous, du moins, il a choisi celui qui communique aux principales figures de son œuvre cette incontestable, mais affreuse grandeur qui reste à l'âme de l'homme, quand elle ose encore garder son orgueil, après avoir perdu sa fierté !

L'une de ces principales figures ou pour mieux parler la figure centrale de la fresque de M. Joséphin Péladan est comme je l'ai dit déjà, une princesse d'Este, Malatesta par mariage, dont la beauté rappelle les plus beaux types de la Renaissance et le sang bleu roule le germe de tous les vices de cette époque funeste qui fut le Paganisme ressuscité. La princesse Léonora est, comme dit superbement Saint-Bonnet, toute l'addition de sa race et cette addition fait une colonne de hauteur à dépasser le cadre étroit du xixe siècle et à le faire voler en éclats comme un plafond qu'on crève... Parmi les plus grandioses vicieux qui entourent la princesse, aucun ne l'égale. Douée de toutes les puissances corruptives de la vie, la beauté, le génie, l'esprit, la richesse et la science, une éducation fée mais perverse a développé en elle le monstre futur, mais c'est elle qui a elle-même accompli. La brutalité d'un mari bestial, lui avait donné dès la première nuit de son mariage le dégoût des voluptés charnelles et d'une Messaline ou d'une Théodora qu'elle aurait pu être, elle se fit un autre genre de monstre... Elle fut le monstre métaphysique. L'orgueil et la volonté domptèrent ses sens et elle fut chaste. Chasteté homicide ! Don Juan femelle plus fort que Don Juan le mâle, qui avait bon appétit et qui dévorait ses conquêtes, elle repoussa les siennes avec mépris. Elle n'avait soif que des désirs qu'elle allumait et elle buvait ce feu, comme de l'eau, d'une lèvre altière. . Bourreau de marbre, elle se dresse en ce roman du *Vice suprême* à côté de toutes les débauches et de toutes les luxures dans sa placidité cruelle jusqu'au moment où comme le diamant qui coupe le diamant, elle rencontre un bourreau de marbre plus dur que son marbre et à l'heure juste marquée par le destin.

Car il y a un destin dans ce livre, mais ce destin est un homme... et c'est cet homme, plus que la Critique, qui va porter, je le crains bien, à l'œuvre majestueuse de M. Péladan, son plus rude coup.

Cet homme, extraordinaire et oraculaire, qui voit l'avenir et le prédit sans se tromper jamais et qui prédit le sien, dans le roman à la princesse d'Este. Mérodack est plus qu'un magicien, c'est un mage. M. Joséphin Péladan a, pour les besoins dramatiques de son œuvre, composé le personnage, dans le *Vice suprême*, avec beaucoup d'art, de sérieux et même de bonne foi ; seulement on est bien tenu de le lui dire pour un catholique qu'il est, partout ailleurs, dans son livre, et qui fait du catholicisme la seule certitude de salut qui reste aux nations latines décrépites, c'est là une redoutable inconséquence, et même, c'est beaucoup plus... Balzac lui-même, l'omnipotent Balzac, qui croyait pouvoir tout oser, s'est heurté à cet écueil contre lequel M. Péladan pourrait se briser. Plusieurs fois, Balzac est sorti de la nature humaine. Dans *Séraphitus-Séraphita* où il a peint l'androgyne céleste de Swédenborg, dans sa *Peau de chagrin* dont la donnée est orientalement fabuleuse, et dans *Ursule Mirouet* où le magnétisme moderne joue un rôle qu'on n'y voudrait pas voir et que M. Péladan, dans son *Vice suprême* a exagéré. Eh bien ! malgré l'imposant exemple de Balzac, c'est toujours une tentative téméraire et dangereuse, car elle permet tout, que d'introduire un merveilleux extra-humain dans la réalité des choses telles qu'elles existent ou telles que nous les connaissons. Avec un pareil procédé, l'art est trop facile. Et si les trois romans que j'ai cités saisissent l'imagination, pourtant, avec la force des chefs-d'œuvre, c'est que l'intérêt humain, diminué par l'impossibilité du sujet se retrouve dans la beauté transcendante des détails. Mais le procédé de composition n'en reste pas moins inférieur quoique magnifiquement couvert par la supériorité du génie.

M. Joséphin Péladan aura-t-il ce génie qui fait tout oublier, même les fautes et les imperfections d'une œuvre ? On en jugera plus tard, car son livre d'aujourd'hui n'est que le commencement de la tache qu'il s'est imposée. Seulement le conseil à lui donner, c'est de rester le plus qu'il pourra dans la réalité humaine. Il peut y être très puissant et son livre du *Vice suprême* nous en donne la preuve. A côté de ce personnage de Mérodack qui occupe trop de place dans son roman, et en détermine trop l'action dramatique, il y a des figures d'une énergie de réalité qui montrent bien que le talent auquel on les doit n'a besoin pour nous passionner, ni de l'hyperbole, ni de l'impossible. La grande figure du P. Alta, ce prêtre aimé de la princesse d'Este et qui résiste à ses ensorcellements avec l'auguste invulnérabilité de son sacerdoce, celle du Prince royal de Courtenay, vivant avec la pensée de sa race déchue, qui est son remords dans le vice et qui lui inspire des actions sublimes, dans la guerre de 1870, sont bien autrement impressionnantes que la figure de l'homme des sciences occultes, dressée à côté d'elles et qui n'en efface pas la poésie. Les plus beaux chapitres du roman, par exemple le *Krack* et l'*Argentier du roi* en 1881, l'*Orgie* chez le prince de Courtenay, le P. Alta à *Notre-Dame*, et l'*Emeute au théâtre* ne nous remuent tant dans le livre de M. Péladan que parce qu'ils sont de ces faits que nous touchons encore du coude dans la décadence de ces derniers temps... Aussi, que le peintre de cette décadence, exprimée dans ce livre étonnant de vérité en beaucoup de ses parties, se souvienne qu'il n'a pas besoin pour la beauté et la gloire de son œuvre future d'une autre magie que de la magie de son talent !

JULES BARBEY D'AUREVILLY.

(Article paru au *Constitutionnel* du 16 septembre, reproduit dans le *Pays* du 17 et dans l'*Artiste* de septembre).

AVENTURES AMOUREUSES
DE
MICHEL ANTONIUS
PAR
ALEXANDRE BERLIÉ
AVEC UN ▇▇▇▇▇▇▇▇ FRONTISPICE
DESSINÉ PAR ▇▇▇▇▇▇ H. FUSIN[…]

UN VOL. IN-18 : 3.50

Figurez-vous *Gil Blas* refait avec le style de Restif, dans le cadre des mœurs contemporaines, et vous aurez idée des Aventures amoureuses de Michel Antonius, roman qui, par la sincérité de l'observation et le naturel de l'expression, est tout à fait une anomalie en ce temps de charges, dites d'après nature et de style de teinturier, sous prétexte de coloris. Point de nervosisme, d'acidités décadentes, aucun goût « blet », dirait M. Huysmans, et c'est reposant et sain, ce récit accidenté, sentimental et même un peu libre, après les livres épicés de tous les poivres et infestés de tous les baumes, qui sont les livres d'aujourd'hui.

L'auteur, M. Alexandre Berlié, précisément par le genre de ses qualités, et ce naturel qui est son originalité à lui, n'a pas encore la notoriété qu'il mérite, et qu'on ne lui refusera pas sans injustice après ce livre-là.

Comme Gil Blas, Michel Antonius traverse avec des fortunes très diverses toutes les couches sociales, et, comme de la Bretonne, M. Berlié entremêle son récit de vues sociales réformatrices souvent d'une haute portée.

Apprenti tourneur, apprenti apothicaire, maltraité de son parâtre, Michel Antonius quitte le logis familial, et alors les aventures amoureuses lui arrivent, nombreuses.

Trompé d'abord par une grisette, Liline, son premier amour, il fait, entre autres rencontres extraordinaires, celle d'une fille folle qui le prend pour son fiancé et le traite comme son mari.

Puis il prend la défense d'une bohémienne, Daluta, qui s'attache à lui.

Professeur dans la pension Liancourt, il enseigne l'amour à la fois à la dame Liancourt et à sa fille, puis il retrouve Daluta... puis, un roman d'aventures amoureuses ne se raconte pas; c'est un livre à lire curieusement, car personne ne pourrait faire aussi bien des *faux* en Crébillon fils et de la Bretonne, que M. Berlié. Il ne manque aux aventures amoureuses de *Michel Antonius* que l'étiquette du XVIIIe pour être dans toutes les mains de lettrés : mais pour l'honneur de ceux-ci, nous estimons qu'il y sera tout de même, par son mérite, et son caractère d'œuvre posthume de *Monsieur Nicolas*. (Revue des Livres, 1er Octobre 1884.)

LA PHILOSOPHIE ABSOLUE
Par le docteur MURE
Ouvrage inédit publié par SOPHIE LIET
Un vol. grand in-8° : 5 fr.

LE CHATEAU ENCHANTÉ
Par ALPHONSE ESQUIROS
Avec préface de ARSÈNE HOUSSAYE
Un vol. in-18 : 3. 50

AVENTURES DANS LES MERS DE CHINE.
LES CONTREBANDIERS D'OPIUM
Par PAJOL-ALARD
Beau vol. grand in-8° illustré : 3. 50

Imp. D. Bardin et Cie, à Saint-Germain.

R A P P O R T   15

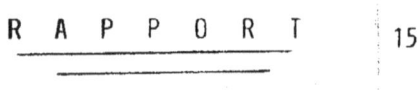

BIBLIOTHÈQUE NATIONALE

CHÂTEAU
de
SABLÉ

1984

www.ingramcontent.com/pod-product-compliance
Lightning Source LLC
Chambersburg PA
CBHW071727090426
42738CB00009B/1901